BEI GRIN MACHT SICH IHR
WISSEN BEZAHLT

- Wir veröffentlichen Ihre Hausarbeit,
  Bachelor- und Masterarbeit

- Ihr eigenes eBook und Buch -
  weltweit in allen wichtigen Shops

- Verdienen Sie an jedem Verkauf

Jetzt bei www.GRIN.com hochladen
und kostenlos publizieren

Bibliografische Information der Deutschen Nationalbibliothek:

Die Deutsche Bibliothek verzeichnet diese Publikation in der Deutschen National-
bibliografie; detaillierte bibliografische Daten sind im Internet über http://dnb.d-
nb.de/ abrufbar.

Impressum:

Copyright © 2015 GRIN Verlag, Open Publishing GmbH
Druck und Bindung: Books on Demand GmbH, Norderstedt Germany
ISBN: 978-3-668-16001-9

Dieses Buch bei GRIN:

http://www.grin.com/de/e-book/316608/der-erste-weltkrieg-in-remarques-im-westen-
nichts-neues-und-juengers

Julius Reinhardt

Der Erste Weltkrieg in Remarques "Im Westen nichts Neues" und Jüngers "In Stahlgewittern". Das Leben und Wirken der Soldaten

GRIN Verlag

GRIN - Your knowledge has value

Der GRIN Verlag publiziert seit 1998 wissenschaftliche Arbeiten von Studenten, Hochschullehrern und anderen Akademikern als eBook und gedrucktes Buch. Die Verlagswebsite www.grin.com ist die ideale Plattform zur Veröffentlichung von Hausarbeiten, Abschlussarbeiten, wissenschaftlichen Aufsätzen, Dissertationen und Fachbüchern.

Besuchen Sie uns im Internet:

http://www.grin.com/

http://www.facebook.com/grincom

http://www.twitter.com/grin_com

Inhaltsverzeichnis

1. Biografie von Ernst Jünger und Erich Maria Remarque

Im Jahre 1914 brach der erste Weltkrieg aus, jedoch gab es zu dieser Zeit kaum Kameras, um das Geschehen in Bild fest zu halten. Unser Wissensstand von heute, vor allem über das Geschehen an der Front, verdanken wir unter anderen den unzähligen Kriegstagebüchern und Zeitzeugenberichten von ehemaligen Soldaten.[1]

Das Ziel der Seminararbeit wird sein, das Leben und Wirken der Soldaten an Hand zweier Romanen heraus zu arbeiten und zusätzlich deren Unterschiede zu analysieren. Die Werke „In Stahlgewittern" von Ernst Jünger (istg[2]) und „Im Westen nichts Neues" von Erich Maria Remarque (imw[3]) eigenen sich dafür gut, da sie von der Kernhandlung sehr ähnlich sind. Von den beiden Werken wird jeweils noch eine zweite Ausgabe herangezogen, die im Verlauf der Seminararbeit mit imw2[4] beziehungsweise istg2[5] abgekürzt werden. Obwohl sich die Handlung an der Westfront abspielt, unterscheiden sich die Erfahrungen der beiden Protagonisten Ernst Jünger und Paul Bäumer. Deswegen bietet es sich an, die Unterschiede an gewählten Kriterien zusätzlich aufzuzeigen.

Unter Punkt 2 werden die beiden Romane jeweils kurz zusammengefasst. Danach folgt das Leben und Wirken der Soldaten. In diesem Kapitel werden Ausbildung und Versorgung der Soldaten herausarbeitet. Dazu werden die damaligen Umstände wie Waffentechnik und Grabensystem eine Rolle spielen bis hin zu Angriff und Verteidigung. Die Informationen dafür werden überwiegend aus den Romanen genommen. Es werden die Gedanken und Aussagen der Protagonisten verwendet, um das Leben an der Front so gut wie möglich zu beschreiben. Der Vollständigkeit halber werden noch einige wenige andere Quellen herangezogen, um die Informationen aus dem Roman mit historischen Fakten zu ergänzen. Im darauf folgenden Punkt werden die Eigenschaften beider Protagonisten herausgearbeitet. Im letzten Punkt des Hauptteils werden die Unterschiede zwischen den Romanen an drei Aspekten aufgezeigt. Im Mittelpunkt steht jedoch nicht der Vergleich sondern die Informationen zu den Aspekten. In diesem Punkt werden Aussagen und Gedanken den Romanen entnommen und interpretiert. Am Ende werden die Unterschiede noch einmal zusammengefasst und bewertet.

---

[1] vgl. Kriegstechnologie im 1. Weltkrieg, Moderne Wunder Staffel 11, Folge 30, History Channel U.S, 30.07.2004.
[2] Remarque, Erich Maria. Im Westen nichts Neues. Berlin 1928.
[3] Jünger, Ernst. In Stahlgewittern Aus dem Tagebuch eines Stoßtruppführers. Berlin 1922.
[4] Remarque, Erich Maria. Im Westen nichts Neues. Köln 2014.
[5] Jünger, Ernst. In Stahlgewittern. Stuttgart 1978.

Erich Maria Remarque (eigentlich Erich Paul Remark) wurde am 22. Juni 1898 in Osnabrück geboren. Im Alter von 18 wurde er in die Armee einberufen und kam an die Westfront. Nach dem Krieg versuchte er sich in vielen Berufen bis er 1929 den Roman „Im Westen nichts Neues" publizierte. Mit diesem Werk errang er einen Welterfolg. In der Zeit des National-sozialismus wurde dieser Roman verboten bis hin zur Aberkennung der deutschen Staatsbürgerschaft im Jahre 1938. Ein Jahr später emigriert Remarque in die USA. Im Jahr 1967 wurde ihm das große Verdienstkreuz verliehen. Danach publizierte er zahlreiche weitere Romane bis er am 25. September 1970 in Locarno starb.[6]

Ernst Jünger wurde am 25. März 1895 in Heidelberg geboren. Er legte 1914 sein Notabitur ab und trat der Wehrmacht bei. Er wurde ausgezeichnet mit dem Eisernen Kreuz 1. Klasse und mit dem Orden Pour la Mérite. Nach dem Krieg blieb Jünger in der Armee und veröffentlichte 1920 seine Tagebuchskizze „In Stahlgewittern" mit großem Erfolg im Selbstverlag. Er war dem Nationalsozialismus abgeneigt und lehnte das Reichstagsmandat der NSDAP ab. Im zweiten Weltkrieg war er Offizier in Frankreich. Jünger wurde aus der Wehrmacht entlassen. Er bekam das große Bundesverdienstkreuz und zahlreiche weitere Auszeichnungen. Am 17. Februar 1998 starb er in Riedlingen.[7]

2. Zusammenfassung der Werke

2.1 Zusammenfassung „Im Westen nichts Neues"

Im Roman „Im Westen nichts Neues" von Erich Maria Remarque geht es um den jungen Paul Bäumer, der sich freiwillig zur Armee meldet und von seinen Eindrücken im Krieg erzählt. Paul Bäumers Lehrer hält patriotische Vorträge, bis sich seine ganze Klasse für den Dienst meldet. Ein Klassenkamerad namens Behm weigert sich erst, jedoch gibt er dem Druck der Klasse nach und ist der Erste, der an der Front fällt. Die jungen Männer beginnen voller Begeisterung ihre Ausbildung in der Kaserne. Ihr Ausbilder Himmelstoß ist brutal und streng, was die ehemaligen Klassenkameraden abstumpft und einen starken Hass ihm gegenüber entwickeln lässt. Nach der zehnwöchigen Grundausbildung, die sie mehr verändert als die zehn Jahre Schulzeit, werden Paul und seine Klassenkameraden in einem Dorf hinter der Front einquartiert. Dort lernen sie Stanislaus Katcinsky kennen, der ihnen beibringt zu überleben. An der Front herrschen schlechte Bedingungen wie Rattenplagen und Hunger. Offensiven mit darauf folgenden Gegenoffensiven wechseln sich ab, bis von der ursprünglichen 150 Mann starken Kompanie nur

---

[6] vgl. https://www.dhm.de/lemo/biografie/biografie-erich-maria-remarque.html (Stand: 03.11.2015)
[7] vgl. https://www.dhm.de/lemo/biografie/ernst-juenger (Stand: 03.11.2015)

noch 32 übrig bleiben. Paul bekommt einen zweiwöchigen Heimaturlaub in dem er seine mittlerweile krebskranke Mutter wieder sieht. Nach dem Urlaub kommt Paul ins Heidelager. Dort befindet sich ein angrenzendes Gefangenlager, wo Russen unter menschenunwürdigen Umständen leben. Paul Bäumer kehrt an die Front zurück. Der Inspektionsbesuch des Kaisers sorgt für ordentlich Diskussionsmaterial unter den Freunden. Sie hinterfragen den Sinn des Krieges und wer dafür der Schuldtragende ist. Bei einem Patrouillengang werden die Soldaten von einem gegnerischen Angriff überrascht. Paul rettet sich in einen Granattrichter und stellt sich tot. Als ein Franzose in den Trichter springt, ersticht Bäumer ihn aus Angst. Danach plagen ihn Schuldgefühle. Während einer französischen Offensive wird Paul am Bein verletzt und kommt in ein Lazarett. Nach einem darauf folgenden einwöchigen Erholungsurlaub kommt er wieder an die Front. Das einst ehrenvolle Soldatendasein tritt zurück und nur der Drang zum Überleben bleibt. Die ausgezehrten deutschen Soldaten sind den gut genährten Alliierten unterlegen und Pauls Freunde sterben im Laufe des Krieges bis nur noch er übrig bleibt. Der Verlust wird durch junge unerfahrene Soldaten ausgeglichen, die unter Panikattacken leiden, weil sie der Grausamkeit nicht gewachsen sind. Die Angriffe werden trotzdem fortgesetzt und hohe Verluste werden hingenommen.

„Er fiel im Oktober 1918, an einem Tage, der so ruhig und still war an der ganzen Front, daß der Heeresbericht sich nur auf den Satz beschränkte, im Westen sei nichts Neues zu melden." (S.259imw2)

2.2 Zusammenfassung „In Stahlgewittern"

Der autobiografische Roman „In Stahlgewittern" beginnt mit Ernst Jüngers Ankunft in Bazancourt. Er ist einige Wochen mit seiner Kompanie in einer Schule einquartiert und nimmt danach an einem Ausbildungslehrgang in Recouvrence teil. Dort wird Jünger für das Leben an der Front vorbereitet und ausgebildet. Jünger nimmt am 23. April 1915 das erste Mal an einem Gefecht teil. Dabei wird er durch einen Granatsplitter am Bein verletzt. Nach erfolgreicher Kurierung startet Jünger seine Offizierslaufbahn und meldet sich als Fahnenjunker. Danach kommt Jünger wieder an die Front und übernimmt die siebte Kompanie. Anfang Dezember werden die Gräben durch lang anhaltenden Regen so stark überschwemmt, dass Ernst Jünger und ein englischer Offizier sich auf einen vorübergehenden Waffenstillstand einigen. In dieser Zeit sitzen die Besatzungen der eigentlich verfeindeten Gräben beisammen, rauchen Zigarre und trinken Schnaps, bis der Befehl kommt, erneut die Kriegshandlung wieder aufzunehmen. Danach wird Jünger an die Somme versetzt. Hier macht er die ersten Erfahrungen mit den alliierten Panzern, die nach und nach zu einer Bedrohung werden. Vor der Somme - Schlacht wird Ernst Jünger erneut verletzt und kommt in ein Lazarett weit hinter der Front. Er fühlt sich unwohl, seine Kameraden in dieser Schlacht zu verlassen, da er seine Kompanie mit einer Familie vergleicht. Jüngers Regiment wird nahe dem Dorf Guillement eingesetzt. Durch das starke Artilleriefeuer und die Offensiven der Alliierten bricht die Front im März 1917 teilweise zusammen. Jünger wird durch eine Schrapnellkugel erneut verwundet. Die Fronten erstarren wieder und zahlreiche Kämpfe folgen. Während einer nächtlichen Aufklärungsmission in einem Wald wird Jünger durch einen Schuss in die Wade verletzt und kommt erneut ins Lazarett. Nach zwei Wochen Erholungszeit kehrt er an die Front zurück und erhält das Eiserne Kreuz erster Klasse. Das „Hindenburg Flachrennen" wird eingeleitet. Dieser Plan beinhaltet eine endgültige Großoffensive mit der übrig gebliebenen Armee. Am 21. März 1918 ist es den Deutschen unter großen Verlusten gelungen, Gebietsgewinne zu verzeichnen. Am vierten Juni 1918 beginnen die englischen Vorstöße, die erst nach einigen verlustreichen Schlachten mit einem Rückzug der Alliierten enden. Nach einer feindlichen Offensive wird Ernst Jünger schwer verletzt und befiehlt seiner Kompanie, sich zu ergeben. Trotz seiner Verwundung versucht er zu flüchten. Einem mutigen Sanitäter gelingt es, Jünger in einen Sanitätsunterstand zu tragen. Von dort aus wird er mit einem Zug ins Lazarett nach Hannover gebracht. Der Roman endet mit der Auszeichnung Jüngers mit dem Orden Pour la Mérite.

3. Charakterisierung

3.1 Charakterisierung Ernst Jünger

Im Roman „In Stahlgewittern" ist Ernst Jünger selbst die Hauptperson. Die bedeutendsten Eigenschaften von Ernst Jünger sind seine Risikobereitschaft und sein Mut. Jünger bringt sich oft bewusst in Gefahr, um den Nervenkitzel zu spüren. Er setzt dafür oft sein Leben aufs Spiel und ohne sein Glück hätte er wahrscheinlich nicht überlebt. „Unvergeßlich sind solche Augenblicke auf nächtlicher Schleiche. Auge und Ohr sind bis zum äußersten gespannt, [...]. Mit kleinem, metallischem Knacks springt die Sicherung der Pistole zurück; ein Ton, der wie ein Messer durch die Nerven geht. [...] Man zittert unter zwei gewaltigen Sensationen: der gesteigerten Aufregung des Jägers und der Angst des Wildes." (S.47,istg) An diesem Zitat wird deutlich, dass für Jünger der Krieg wie eine Droge ist. Er sucht förmlich nach solchen Momenten, in denen er bis zum „äußersten gespannt" (S.47,istg) ist. Das zeigt sich auch an den zahlreichen freiwilligen Meldungen für riskante Nachtpatrouillen. (S.110,istg) Jünger ist außerdem sehr tugendhaft, da er nicht niedrig vom Feind denkt (S.65,istg2) und einen am Boden liegenden Engländer nicht erschießt. (S.262-263,istg2) Hier wird eine gewisse Menschlichkeit Jüngers sichtbar.

Jünger wirkt sehr zäh. (S.219,istg) Das zeigen seine zahlreichen Verletzungen, die er im Laufe seiner Karriere erleidet. Er ist für seine mutigen Aktionen bekannt, weswegen er im Laufe des Romans wiederholt ausgezeichnet wird (S.89,istg). Jünger erzählt einmal von einem Sergeant, dem durch Granatsplitter beide Beine abgerissen worden sind. Der Sergeant behält seine Pfeife im Mund bis er stirbt und Jünger bewertet diese Ereignis mit „erfreulichen Eindruck kühner Männlichkeit" (S.142,istg). Hier zeigt sich seine emotionale Abgestumpftheit und das er kein Problem mit dem Tod hat. Manchmal hat der Leser das Gefühl, dass Ernst Jünger glücklich über den Stellungskrieg ist, weil das Leben in den Schützengräben „beinahe friedensmäßige Gewohnheiten angenommen hatte" (S.42,istg).

3.2 Paul Bäumer

Paul Bäumer ist am Anfang des Romans 19 Jahre alt und Abiturient (S.4,imw). Seine Mutter ist schwer krebskrank und in Folge dessen sehr schwach. Sie kann sich kaum bewegen und liegt überwiegend im Bett (S.120,imw). Bäumer verschweigt ihr den Schrecken des Krieges, um sie zu schonen. Die Mutter geht sehr liebevoll mit Paul um und stellt keine unangenehmen Fragen. Bäumers Vater ist einfacher Handwerker und verdient wenig Geld. Er muss allein für die Krankenhausrechnungen seiner Frau aufkommen und macht häufig Überstunden. Bäumer hat eine ältere Schwester namens Erna. Er raucht sehr viel (S.103,imw). Bäumer hegt eine große Leidenschaft für die Literatur und besitzt ein paar Werke, die er sich mit Nachhilfestunden finanziert hat. Es sind überwiegend Klassiker und sehr alte Bücher (S.126,imw).

Anfangs ist Bäumer sehr kriegsbegeistert durch die Vorträge seines Lehrers und meldet sich mit seiner Klasse für den Kriegsdienst. Schon in der Kaserne verliert er seine anfängliche Begeisterung. An der Front wird Bäumer im Laufe des Krieges sehr gefühlskalt und roh (S.193,imw). Seine Familie tritt zunehmend in den Hintergrund und wird von seinen Kameraden ersetzt. Sie geben ihm den nötigen Rückhalt, um die Grausamkeit auszuhalten. Bäumer ist außerdem sehr menschlich und emotional, was aus dem Nahkampf mit einem französischen Soldaten zeigt (S.163,imw). Bäumer will den Krieg nur Überleben und sieht sich als Opfer dieses Konflikts (S.150,imw).

4. Leben und Wirken der Soldaten

4.1 Ausbildung der Soldaten

Die Laufbahn eines Soldaten begann mit dem Eintritt in die Reichswehr. Dieser geschah entweder auf freiwilliger Basis oder durch Einzug. Jeder deutsche Bürger war nach der Vollendung des 17. Lebensjahrs bis zum 45. Lebensjahr wehrpflichtig. In den beiden Romanen erfolgt der Eintritt freiwillig. Ernst Jünger tritt bei, um Abenteuer zu erleben, während Paul Bäumer auf Grund der Propaganda seines Sportlehrers beitritt. Das Bild des Soldaten in der Bevölkerung war das eines ehrenvollen Kriegers, der sich für sein Vaterland einsetzt. Des Weiteren wurde den Soldaten nachgesagt, beste Verpflegung zu genießen.[8] Nach dem Eintritt kommen die angehenden Soldaten in eine Kaserne, in der sie ausgebildet werden. In dieser Zeit nennt man sie Rekruten. Die Dauer variiert je nach Einsatzort. Im Roman von Remarque dauert die Ausbildung zehn Wochen (S.38,imw). Das Leben in dieser Zeit wird von strengen Tagesabläufen und körperlicher Arbeit geprägt. Die angehenden Soldaten werden mit Dauerläufen und Kriechübungen trainiert, um physisch für den Krieg vorbereitet zu sein (S.19,imw). Das Exerzieren gehört zur Ausbildung dazu (S.90,imw). Exerzieren ist das Marschieren in geschlossener Formation. Diese Übung fand in der Praxis im Ersten Weltkrieg jedoch keine Anwendung mehr, aufgrund der modernen Kriegsführung und hat deshalb eher einen psychologischen Nutzen. Durch das gemeinsame Marschieren soll das Einheitsgefühl gestärkt werden.[9] In der Grundausbildung werden die Grundlagen zum Überleben an der Front erlernt. Das Bedienen einer Waffe, das Entsichern von Granaten, das Verhalten im Falle eines Artillerieangriffes oder die Schutzmaßnahmen bei einem Gasangriff. Im Mittelpunkt der Ausbildung steht der Drill (S.236,istg). Die Soldaten werden dadurch desensibilisiert und gehorsam gemacht. Das ist sehr wichtig, weil die meisten Rekruten sonst die Grausamkeit an der Front nicht aushalten würden (S.202,imw). Es folgen nach der Grundausbildung mehrere Weiterbildungen, da die Waffentechnik im ersten Weltkrieg kontinuierlich weiterentwickelt wurde.

---

[8] vgl. Formationsgeschichte - Rekrutierung. http://www.agw14-18.de/formgesch/formatio_rek.html (Stand: 03.11.2015)
[9] vgl. Poten, Bernhard. Handwörterbuch der Gesamten Militärwissenschaften Sechster Band: Krieg von 1866 in Deutschland bis Militär-Konvention. Paderborn 2015.

Das meiste Wissen wird jedoch untereinander weitergegeben. Die erfahrenen Soldaten sind die größte Hilfe für die frisch ausgebildeten Soldaten. Im Roman „Im Westen nichts Neues" ist es der erfahrene Stanislaus Katcinsky, der Bäumer die wichtigsten Instruktionen zum Überleben gibt, zum Beispiel verschiedene Geschosse voneinander zu unterscheiden oder das Finden von Deckung. Die Unerfahrenheit der Rekruten führen jedoch zu hohen Verlusten. Sie äußert sich zum Beispiel beim zu frühen abnehmen der Gasmaske. Im Roman von Remarque nimmt ein kriechender Rekrut seine Gasmaske zu früh ab und erstickt, weil er nicht weiß, dass sich Gas in Boden Nähe besonders lange aufhält (S.97,imw). Wer nach dem beruflichen Aufstieg sucht, kann in der Armee die Laufbahn des Fahnenjunkers einschlagen wie Ernst Jünger (S.45,istg). Er wird Unteroffizier und gegen Ende des Krieges Leutnant.

4.2 Waffentechnik und Stellungssystem

Der Erste Weltkrieg war ein Stellungskrieg und war in dieser Form neu. Das lag vor allem an der neuartigen Waffentechnik wie Maschinengewehr oder Artillerie. Durch diese Waffen war es nicht mehr möglich, auf offenem Feld Krieg zu führen, wie es früher üblich war. Um sich vor Gegnern zu schützen, die über große Entfernung töten können, hat man den Schützen-graben gebaut.[10]

Der Schützengraben diente dem Schutz der Soldaten vor feindlicher Infanterie. Eine Stellung bestand in der Regel aus mehreren Gräben. Zwischen zwei Stellungen lag das Niemandsland. Dieser Abschnitt war ca. 200 bis 800 Meter lang und nicht von Soldaten besetzt. Der Aufenthalt in dieser Zone endet in den meisten Fällen tödlich, weil es wenig Deckung gibt. Die häufigsten Todesursachen waren Artillerie, Mienen oder feindliche Schützen.[11] Es gab den Frontgraben, der jedoch spärlich besetzt war, aufgrund feindlicher Artillerieangriffe. Er besitzt eine so genannte Brustwehr, die aus aufgeschichteten Sandsäcken besteht und Schutz vor feindlichen Soldaten bietet (S.35,istg). Vor dem ersten Graben liegen in der Regel mehrere Rollen Stacheldraht (S.172,istg). Dahinter liegt der Unterstützungsgraben, der als Ausweich-punkt bei Artillerieangriffen oder Offensiven fungiert. Am Ende liegt der Reservegraben der als Sammelpunkt für Soldaten zur Verfügung steht (S.46,imw). Zischen den beiden Gräben liegt das so genannte Blockhaus. (siehe Abbildung 1) Es dient dem Schutze des Maschinengewehrschützen (S.177,istg). Die verschiedenen Gräben sind mit

---

[10] vgl. Kriegstechnologie im 1. Weltkrieg, Moderne Wunder Staffel 11, Folge 30, History Channel U.S, 30.07.2004.
[11] vgl. Kriegstechnologie im 1. Weltkrieg, Moderne Wunder Staffel 11, Folge 30, History Channel U.S, 30.07.2004.

Laufgräben verbunden (s.49,imw). Der Stellungskrieg ist eine sehr defensive Kriegsform, in der der Verteidiger auf Grund der neuen Art von Waffen immer im Vorteil ist.

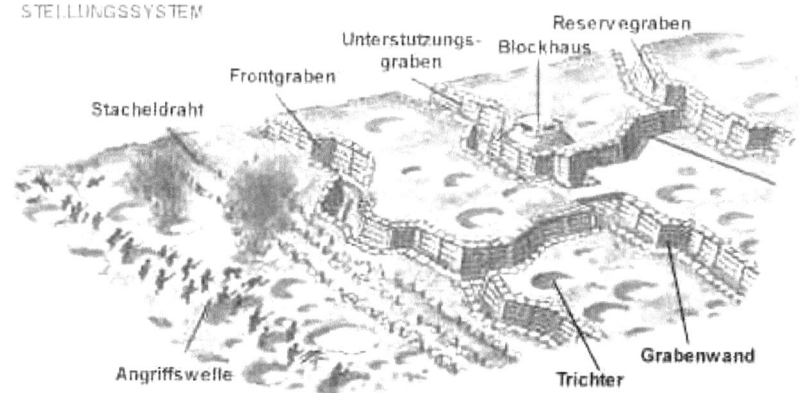

Abbildung 1: Stellungssystem an der Westfront[12]

Die Waffe, die am größten zu Erstarrung der Fronten beigetragen hat, war das Maschinengewehr. Es konnte permanent schießen, solange genügend Munition und Kühlwasser vorhanden waren. Durch die hohe Schussfrequenz konnte es eine große Anzahl von Feinden in einer kurzen Zeit eliminieren. Deswegen ist diese Waffe einer der tödlichsten des Ersten Weltkriegs. Dieses Gerät lag meist stationär in einem wie oben beschriebenen Blockhaus, weil es mit seinen rund 20 Kilogramm zu schwer war, um es flexibel einzusetzen.[13]

Eine weitere bedeutende Waffe im Stellungskrieg war die Artillerie. Es handelt sich hier um Geschütz die Granaten aller Art verschossen. [14] Sie konnte über große Entfernungen hinweg angreifen. Meistens lag die Artillerie rund fünf bis zehn Kilometer hinter der Front. Die Artillerie wurde je nach Gewicht mit Schienen, Pferden oder per Hand in Stellung gebracht. Vor einem Angriff wurde meist ein massiver Beschuss der feindlichen Stellung vorgenommen, um die Anzahl der feindlichen Soldaten zu verringern und sie vom Frontgraben zu vertreiben. Eine andere Aufgabe der Artillerie war es, das feindliche

---

[12] Kassing, Erich. Die Schlacht um Verdun, Frontalltag, Schützengräben.
http://www.geocities.ws/bunker1914/Frontalltag_Verdun_Schuetzengraben.htm (Stand: 03.11.2015)
[13] vgl. Kassing, Erich. Die Schlacht um Verdun, Infanterie.
http://www.geocities.ws/bunker1914/Infanterie_Verdun.htm (Stand: 03.11.2015)
[14] vgl. http://www.wissen.de/lexikon/artillerie (Stand: 03.11.2015)

Maschinengewehrnest unschädlich zu machen.[15] Es kommt oft vor, das Artilleriegeschosse die eigenen Gräben treffen. Das kann verschiedene Ursachen haben, wie zum Beispiel verzogene Kanonenrohre nach langer Benutzung oder die falsche Ausrichtung des Geschützes (S.40,istg).

Die Artillerie verschießt zum Großteil mit Schwarzpulver befüllte Granaten, die bei Aufprall detonieren. Ein besonderes Geschoss war das Schrapnell, welches Ernst Jünger im Roman verwundet (S.78,istg). Es ist eine Granate mit kleinen Metallkugeln im Kopf (5) und wird mithilfe eines Geschützes abgefeuert.

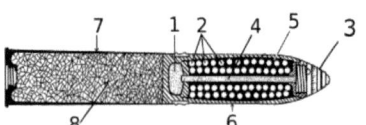

Abbildung 2: Schrapnell - Geschoss[16]

Der hintere Teil (8) ist die Treibladung, die dem Geschoss die nötige Energie gibt, um weite Strecken zurückzulegen. Beim Abschuss wird der Zeitzünder aktiviert, der in einer bestimmten Zeit abbrennt (4). Dieser endet im Schwarzpulverbett, (1) worauf eine Detonation ausgelöst wird und die Kugeln auf das Ziel herabregnen. (siehe Abbildung 2) Das Schrapnell wurde gegen Soldaten eingesetzt und verursachte schwere Verwundungen mit meist tödlichen Folgen.[17]

Giftgas gehörte auch zu den neuen Waffen im ersten Weltkrieg. Chlorgas wurde zum ersten im April 1915 von der deutschen Armee eingesetzt.[18] Im Roman von Ernst Jünger benennt der Protagonist zwei Kampfgase. Er identifiziert sie anhand deren Gerüche. Chlorgas besitzt nach seiner Beschreibung einen sehr beißenden Geruch, während Phosgen süßlich riecht. Die beiden Giftgase werden über die Atemwege aufgenommen und führen zu Verätzungen im Lungenraum. Dadurch kann kein Sauerstoff mehr aufgenommen werden und es kommt zum Tod. (S.92-95istg2) Schutz bietet eine Atemschutzmaske. Ernst Jünger beschreibt eine Kampfsituation, in der so viel Gas benutzt worden ist, dass es keine Luft mehr zum Atmen gibt. Giftgas wird hauptsächlich in Form von Granaten verschossen. (S. 247istg2)

Im Ersten Weltkrieg kamen erstmals auch Panzer zum Einsatz. Unter dem Decknamen „Tank" reagierten die Alliierten auf den Stellungskrieg mit einer Maschine, die Gräben und

[15] vgl. Kriegstechnologie im 1. Weltkrieg, Moderne Wunder Staffel 11, Folge 30, History Channel U.S, 30.07.2004.
[16] https://upload.wikimedia.org/wikipedia/commons/thumb/a/aa/Shrapnel_(PSF).png/440px-Shrapnel_(PSF).png (Stand: 03.11.2015)
[17] vgl. http://www.lexikon-erster-weltkrieg.de/Schrapnell (Stand: 03.11.2015)
[18] vgl. Hoffman, Sara Judith. Der erste Einsatz von Giftgas als Kriegswaffe. http://www.dw.com/de/der-erste-einsatz-von-giftgas-als-kriegswaffe/a-17053767 (Stand: 03.11.2015)

Maschinengewehrnester unbeschadet überwinden konnte. Es handelte sich hier um ein Kampffahrzeug auf Ketten mit einer kugelsicheren Panzerung. Im Jahre 1916 beginnt die Serienfertigung von Panzern in England.[19] Am 15. September in der Somme - Schlacht wurde er zum ersten Mal eingesetzt. Remarque schreibt, dass Tanks anfangs verspottet wurden, jedoch zu einer schweren Waffe geworden sind. Paul Bäumer fühlt sich machtlos gegenüber diesen Maschinen. (S.205iwm) Der Tank wurde deshalb verspottet, weil manche Panzer aufgrund technischer Fehler es erst gar nicht an die Front schafften. Andere wurden auf Grund ihrer geringen Geschwindigkeit von der Artillerie abgeschossen.[20]

Im Roman von Ernst Jünger werden die Panzer mit Hilfe von sogenannten Tankfallen unschädlich gemacht. Hierbei handelt es sich um tiefe Erdlöcher. (S.174istg)

4.3 Angriff und Verteidigung im Schützengraben

Im ersten Weltkrieg ging es darum, feindliche Gebiete mit Hilfe einer Offensive einzunehmen. Im Stellungskrieg findet kein Kampf von Angesicht zu Angesicht statt, außer in einer seltenen Nahkampfsituation (S.122,imw). Eine Offensive erfordert jedoch viel Vorbereitung. Erstmals werden die verfügbaren Soldaten in Wellen aufgeteilt. Eine Welle umfasst eine bestimmt Anzahl von Soldaten. Diese werden nacheinander den feindlichen Graben angreifen. Der Vorteil einer solchen Aufteilung ist, dass im Falle eines Artillerieschlages, nicht alle Truppen auf einmal getötet werden. Des Weiteren kann man den Angriff immer noch abbrechen, wenn die erste Welle auf zu viel Widerstand trifft (S.242,istg). Bei einem Angriff müssen die Soldaten zuerst über den eigenen Stacheldraht in das Niemandsland. Dabei gibt es in beiden Romanen schon die ersten Todesopfer wegen Feindbeschuss oder Artillerie. Der Gegner besitzt Drahtverhaue vor seinem Graben, die es aufzuschneiden gilt (S.172,imw). Bei diesem Vorgang sind die Soldaten in Feuerreichweite der Feinde. Der Gegner kann nun mit Granaten und Schusswaffen gegen die Angreifer vorgehen. Die effektivste Waffe zur Verteidigung ist das Maschinengewehr. Es kann im Dauerfeuer verbleiben und das Verlassen einer Deckung endet meist tödlich (S.62,istg). Der einzige Schutz im Niemandsland vor Feindfeuer sind Granattrichter von Artilleriegranaten (S.50,imw). Ist der Stacheldraht überwunden, gilt es die feindlichen Soldaten zu töten oder gefangen zu nehmen (236-237,istg2).

---

[19] vgl. http://www.lexikon-erster-weltkrieg.de/Panzer (Stand: 03.11.2015)
[20] vgl. http://www.welt.de/geschichte/article144373308/Wie-der-Panzer-auf-Europas-Schlachtfelder-kam.html (Stand. 03.11.2015)

Der Graben ist jedoch noch nicht vollständig erobert, weil sich die meisten Gegner in den dahinter liegenden zurückziehen. Nach der Eroberung muss der Nachschub des Angreifers über das Niemandsland in die eingenommene Stellung transportiert werden. Dieser Bereich ist sehr uneben und mit vielen Kratern versehen. Der Transport von Waffen und Versorgung fällt dadurch sehr schwer (S.138-139,istg). Der andere Fall ist, dass die Angreifer den gegnerischen Soldaten unterlegen sind und sich wieder zurück in ihre Stellung müssen. Beim Rückzug werden meist Waffen oder Vorräte des Gegners mitgenommen. Beliebte Beute sind Alkohol, Maschinengewehre oder Fleisch (S.78,imw). Unmittelbar nach einem abgewehrten Angriff folgt meist der Gegenangriff (S.92,imw).

4.4 Versorgung und Lazarett

Das wichtigste an der Front ist in erster Linie die Versorgung. Die Nahrungsmittel sind rationiert und es gibt eine eigene Feldküche. Der Kessel, in der die Mahlzeiten transportiert werden, wird unter den Soldaten „Gulaschkanone" genannt, obwohl es selten Gulasch gibt. (S.6imw) Eine Nahrungsration beinhaltet eine Wurst, ein Kommissbrot und ein warmes Gericht. Das warme Gericht beläuft sich oft auf Bohnen (S.4-7,imw). Die meisten Gerichte enthalten Steckrüben als Hauptzutat. Als Stanislaus Katcinsky sich bei einem jungen Ersatz-soldaten nach seinen Mahlzeiten erkundigt, antwortet dieser: „»Morgens Steckrübenbrot - mittags Steckrübengemüse, abends Steckrübenkoteletts und Steckrübensalat." (S.27-28imw) Gegen Ende des Krieges wird das Essen mit Zusatzmittel wie zum Beispiel Sägespänen gestreckt und viele Soldaten werden davon krank (S.203,imw). Es gab insgesamt sehr wenig zu essen, weil die Deutschen nicht auf einen langen Krieg vorbereitet waren.[21]

Des Weitern bekommt jeder Soldat am Anfang einer Woche eine Ration Tabak, die im Roman von Remarque zehn Zigaretten und ein Stück Kautabak beinhaltet. Die deutschen Soldaten beneideten die Alliierten, um ihre gute Versorgung. Nach einer Offensive entdeckt Paul Bäumer im Schützengraben der Alliierten Corned Beef, Butter und Fleisch. Er ist erstaunt über die Masse an Nahrungsmittel, die den Gegnern zur Verfügung steht (S.87,imw).

Jede Kompanie verfügte über mindestens einen ausgebildeten Sanitätssoldaten. Verletzte Soldaten wurden im Sanitätsunterstand aufgenommen. Hier wurde Erste Hilfe geleistet. Chirurgische Eingriffe wurden nur dann vorgenommen, wenn der Patient in akuter Lebensgefahr stand oder transportfähig gemacht werden musste. Die Transportfähigen

---

[21] vgl. Asmuss, Burkhard. Die Lebensmittelversorgung. https://www.dhm.de/lemo/kapitel/erster-weltkrieg/alltagsleben/lebensmittelversorgung.html (Stand: 03.11.2015)

wurden zu einem Truppenverbandsplatz gebracht, um dort weiter behandelt und versorgt zu werden.[22] Paul Bäumer wird im Laufe des Romans angeschossen und zu einer Sanitätsstation gebracht. Er hat große Angst, dass sein Bein amputiert wird, weil dies die übliche Methode ist, um Zeit zu sparen. Um bei der Entfernung der Kugel aus seiner Wade bei Bewusstsein zu sein, verzichtet er auf die Betäubung in Form von Chloroform (S.177,imw). Wichtig ist es, möglichst viele Kapazitäten frei zu halten, um neue Verwundete aufzunehmen. Hierfür werden die Verletzten zur weiteren Versorgung ins Feldlazarett gebracht. In dem Roman von Ernst Jünger finden Operationen unter freiem Himmel statt und der Chirurg arbeitet pausenlos. Zum Ausheilen der Wunden werden die Verletzten in eine Pflegeeinrichtung gebracht. Sehr beliebt sind katholische Krankenhäuser, weil sie einen guten Ruf unter den Soldaten haben. Dort gibt es gutes Essen und gute Behandlung. (S.183imw) Weitere Orte sind zum Beispiel Schulen oder Zeltplätze. Zum Transport werden hauptsächlich Züge verwendet (S.22,imw).

5. Unterschiede zwischen den Romanen

5.1 Gedanken zu Leben und Tod

An der Front war der Tod allgegenwärtig. Überall um die Protagonisten herum sterben Kameraden und grausame Bilder des Krieges brennen sich in die Köpfe der Soldaten. Der psychische Druck bewegt die Hauptfiguren dazu, sich mit dem Tod auseinander zu setzen. Paul Bäumer will nur den Krieg überleben. Er fürchtet sich sehr vor dem Tod (S.41,imw). Er sieht seine Kameraden sterben, mit denen er zum Teil ein sehr enges Verhältnis pflegt. Als schließlich sein letzter Freund Stanislaus Katcinsky stirbt, verlässt auch ihn der Lebensmut (S.211,imw). Bäumer sagt über den Tod in Verbindung mit dem Krieg, dass er die Soldaten zu denkenden Tieren gemacht habe, die von Stumpfheit durchsetzt sind, um nicht an dem Grauen zu zerbrechen (S.199,imw). Bäumer kann sich auch kein Leben nach dem Krieg vorstellen. Viele seiner Kameraden haben die Hoffung schon aufgegeben, wieder in die Heimat zurück zu kehren. Dazu kommt, dass sie alle keinen Beruf erlernt haben und nicht wissen, was sie nach dem Krieg machen sollen (S.64,imw). Deshalb leiden viele unter Zukunftsängsten (S.192-193,imw).

Ernst Jünger hingegen nimmt den Tod mit einer gewissen Gleichgültigkeit in Kauf. „Er (der Krieg) schien uns männliche Tat, ein fröhliches Schützengefecht auf blumigen, blutbetauten

---

[22] vgl. Urbatschek, Mirko/ Wildner, Peter. http://www.sanitaetsdienst-bundeswehr.de (Stand: 03.11.2015)

Wiesen. Kein schönrer Tod ist auf der Welt" (S.1,istg). *Zum Teil zeigt sich auch eine gewisse Faszination gegenüber dem Tod, denn er meldet sich oftmals freiwillig für riskante Nachtpatrouillen (S.110,istg).* Er wird oft lebensbedrohlich verletzt und kommt immer mit dem Leben davon. Selbst von Verletzungen lässt er sich nicht abschrecken.

Abschließend kann man sagen, dass Ernst Jünger eher gleichgültig gegenüber dem Tod ist und sich über das Leben nach dem Krieg keine Gedanken macht. Bäumer hingegen setzt sich viel mit dem Tod auseinander. Er fragt sich, was nach dem Krieg geschieht, denn er hat kein Leben, in das er zurückkehren kann.

5.2 Schreibstil

Der Roman „In Stahlgewittern" ist in der ersten Person geschrieben und aus der Sicht des Soldaten Ernst Jünger. Der Autor benutzt viele Vergleiche mit der Natur. Der Erste befindet sich schon im Titel des Buches und zwar „In Stahlgewittern". Wenn man das Wort Stahlgewitter näher betrachtet fällt auf, dass es sich um eine Wortkreuzung aus Gewitter und Stahl handelt. Der Stahl steht höchstwahrscheinlich für die Geschosse im ersten Weltkrieg und das Gewitter steht für die Anzahl der Geschosse oder der Angst davor. Der Vergleich mit Naturgewalten zieht sich fort, wie zum Beispiel: „darüber zuckten zu Hunderten die kurzen Blitze platzender Schrapnells." (S.45,istg). Diese Naturverbundenheit spiegelt sich auch in den Erzählungen von seiner Umgebung wieder. Bei einem Gasangriff kümmert sich Jünger nicht so sehr um die leidenden Soldaten, sondern berichtet über die Schäden an der Umwelt wie, „Ein großer Teil aller Pflanzen war verwelkt, Schnecken und Maulwürfe lagen tot umher" (S.58,istg). Markant sind auch die Vergleiche mit Tieren. Jünger findet nicht den Weg in seinen Unterstand und deutet dies aus mit: „Aber ich bin keine Eule, die ihren Weg im Dunkeln findet!" (S.155,istg). Wenn die Soldaten zu einem Angriff zusammen gerufen werden, vergleicht er sie mit Tieren, die aus einer Höhle in die Wildnis herausgezerrt werden. (S.193,istg). Im Roman gibt es viele Euphemismen die kriegsverharmlosend wirken wie „Die im Tode vereint liegenden Kameraden hatten das friedliche Aussehen stiller Schläfer", „Friedliche […] Schläfer" ist an dieser Stelle besonders unangebracht, weil ein Volltreffer eine ganze Infanteriegruppe getötet hat (S.86,istg).

Der Roman „Im Westen nichts Neues" ist ebenfalls in der ersten Person geschrieben und der Leser erfährt alles aus der Sicht von Paul Bäumer. Die Sprache ist auffällig schlicht gehalten: „Morgens sind einige Rekruten bereits grün und kotzen" (S.78,imw). Damit wird die Sprache der Soldaten untereinander nachempfunden, was den Roman authentischer macht. Es werden überwiegend knappe und kurze Sätze verwendet, vor allem wenn Bäumer von der Front berichtet: „Ich sitze am Bette Kemmerichs. Er verfällt mehr und mehr. Um uns ist viel Radau." (S.22,imw). Auffällig ist die Sprache vor dem ersten Fronteinsatz Bäumers. Die Sprache ist noch ausgeschmückter: „Und rund um uns liegt die blühende Wiese. Die zarten Rispen der Gräser wiegen sich, Kohlweißlinge taumeln heran, sie schweben im weichen, warmen Wind des Spätsommers [...]" (S.9,imw). Hier bemerkt der Leser, dass Bäumer eigentlich ein sensibler Mensch mit großem Interesse an Literatur ist.

Die Sprache des Roman ist sehr emotional. Vor allem an den Stellen, an denen ein Kamerad Bäumers stirbt. Ein Beispiel für einen tragischen Tod ist der Kemmerichs: „Ich (Paul Bäumer) beuge mich über sein (Kemmerich) Gesicht, das im Schatten liegt. Er atmet noch, leise. Sein Gesicht ist naß, er weint" (S.25,imw). Hier fühlt der Leser mit dem Protagonisten, der seinen Kameraden in den Tod begleitet mit. Der Autor benutzt viele Personifizierungen wie „dort hetzt mit Händen und Helmen der Tod hinter uns her [...]", (S.84,imw) um die Angst der Soldaten zu untermauern. Er benutzt außerdem viele Vergleiche, um das Geschehen zu verbildlichen wie „flach wie ein Fisch über den Boden [...]" (S.50,imw). Dadurch kann sich der Leser die Handlung besser vorstellen.

Der markanteste Unterschied am Schreibstil der Romane ist, dass „Im Westen nichts Neues" viel emotionaler geschrieben ist als „In Stahlgewittern". Der Autor Ernst Jünger stellt das Kampfgeschehen und die mutigen Taten des Protagonisten in den Mittelpunkt, während sich Remarque viel mehr auf die Beziehungen zwischen den Kameraden und auf den Schrecken des Krieges fokussiert. Auffällig ist, dass Jünger viel mit der Natur vergleicht beziehungs-weise mit Bildern aus dieser berichtet.

5.3 Feindbild

Im Ersten Weltkrieg wurde viel Propaganda betrieben. In den Grundschulen wurde den Kindern schon suggeriert, wie sie vom Feind zu denken haben. Es wurde das simple Freund - Feinddenken unterrichtet, um eine Abneigung gegenüber dem Feind zu erzielen.[23] In den beiden Romanen wird jedoch besonders mit dem Feind umgegangen.

---

[23] vgl. Hirschfeld, Gerhard. Feindbilder. http://www.erster-weltkrieg.clio-online.de/_Rainbow/documents/Kriegserfahrungen/hirschfeld.pdf (Stand:03.11.2015)

Paul vertritt die Meinung, dass die Menschen nur durch Befehle zu Feinden gemacht worden sind (S.142,imw). Paul Bäumer kommt zu dieser Ansicht während eines Nahkampfs mit einem Franzosen. Bäumer ersticht ihn und muss mit ansehen, wie er qualvoll stirbt. Beim Öffnen der Brieftasche des Franzosen sieht er ein Bild von der Familie des Toten und Bäumer wird bewusst, was er gerade zerstört hat. Ihm wird klar, dass der Feind genauso Familie und Heimat besitzt wie er. Diesen Satz sagt Bäumer unmittelbar nach dem Tod des Franzosen: „Jetzt sehe ich erst, daß du ein Mensch bist wie ich. Ich habe gedacht an deine Handgranaten, an dein Bajonett und deine Waffen – jetzt sehe ich deine Frau und dein Gesicht und das Gemeinsame. Vergib mir, Kamerad!" (S.163,imw). Bäumer gibt die Schuld der Regierung, denn er meint, dass ein französischer Handwerker nie auf die Idee gekommen wäre, dem Deutschen Reich den Krieg zu erklären (S.150,imw). Bäumer empfindet nicht nur Mitleid mit den deutschen Verwundeten, sondern auch für die russischen und französischen (S.141,imw).

Ernst Jünger hegt Respekt gegenüber seinem Feind. Für Jünger sind die Gegner genauso ehrenwerte Soldaten wie er. Er erwartet von ihnen, dass diese versuchen ihn zu töten. Er betont, dass er das gleiche anstrebt und deswegen keinen Hass den feindlichen Soldaten gegenüber empfindet. Er beteuert, nie niedrig von ihnen gedacht zu haben. Er schätzt seinen Gegner vielmehr als mutigen Mann. Jünger betont, dass wenn er Gefangene macht, er alles in seiner Kraft stehende tun wird, um für deren Sicherheit zu garantieren (S.65,istg2). Jünger sieht den Krieg objektiv und reduziert ihn auf einen Beruf, was aus diesem Zitat hervorgeht: „Es ist merkwürdig, wie wenig objektiv sie (seine Kameraden) den Krieg auffassen. Sie schienen in dem Engländer, der das tödliche Geschoß abgefeuert, einen ganz persönlichen Feind zu sehen. Ich kann es ihnen nachfühlen." (S.33,istg).

Bäumer sieht den Feind nicht als Feind sondern als Mitmensch, mit dem er durchaus befreundet sein könnte, während Jünger eher einen Mitstreiter mit gleichen Beruf sieht.

6. Fazit

Abschließend fällt auf, dass der Roman von Ernst Jünger nicht so negativ vom Krieg erzählt, wie der Roman von Remarque. Jünger sieht den Krieg als männliche Tat und als Abenteuer. Bäumer hingegen verliert im Laufe des Romans seinen Lebensmut, aufgrund der Grausamkeit des Krieges. Diese Abneigung zeigt sich auch im Schreibstil der beiden Werke. Der Roman von Remarque ist viel emotionaler geschrieben als der von Jünger. Der Unterschied im Feindbild der Protagonisten zeigt den Ursprung dieses Denkens auf. Bäumer sieht den Feind als Mitmensch. Jünger hingegen, sieht im Gegner einen Mitstreiter, den es zu besiegen gilt. Es ist außerdem erstaunlich, dass zwei Menschen, die an der gleichen Front sind, so grundverschiedene Ansichten haben können. Während Ernst Jünger von einem spannendem Beruf spricht, ist für Bäumer das Leben grausam und er wünscht sich, diesem Unheil zu entkommen.

Die beiden Romane lassen das damals Geschehene nicht vergessen. Sie zeigen sehr realistisch das Geschehen an der Front. Es lässt sich eine Parallele zwischen dem Autor und dem Protagonisten herstellen. Im Roman von Ernst Jünger ist diese Parallele offensichtlich. Im Werk „Im Westen nicht Neues" ist sie in der Biografie des Autors zu finden. Erich Maria Remarque hieß zuvor Erich Paul Remark und die Hauptfigur heißt Paul Bäumer. Es kann davon ausgegangen werden, dass beide Autoren sich ein Stück weit selber in den Romanen darstellen. Das Werk „In Stahlgewittern" zeigt zudem, eine völlig neue Perspektive auf. Der Schrecken des Ersten Weltkriegs lässt kaum positive Seiten des Krieges, wie Kameradschaft-lichkeit oder Abenteuer vermuten. Trotz allem, zeigen beide Romane zeitlos den Schrecken des Krieges.

Die Ausbildung der Soldaten fängt mit einer zehnwöchigen Grundausbildung in einer Kaserne an. Nach dieser Ausbildung kommen sie an die Front. Im Ersten Weltkrieg liegt das Stellungssystem vor. Ein solches System besteht aus Frontgraben, Unterstützungsgraben und Reservegraben. Die Soldaten sind Panzern, Artilleriegeschossen und Giftgas ausgesetzt. Dazu kommen die Angriffe der Feinde. Der Feind erzielt durch Angriffe keine großen Gebietsgewinne, weil er durch die neue Waffentechnik im Nachteil ist. Die Waffe, die am stärksten zur Versteifung der Fronten beigetragen hat, ist das Maschinengewehr. Es besitzt eine hohe Schussrate und kann deshalb Offensiven schnell vereiteln.

Die Aufgabe der Artillerie ist es, dieses Gewehr unschädlich zu machen und den Frontgraben zu räumen. Sie verschießt hauptsächlich Granaten, die bei Aufschlag detonieren. In den Romanen wird auch das Schrapnell und die Gasgranate beschrieben. Die Gasgranaten sind mit Phosgen- oder Chlorgas befüllt und explodieren in den gegnerischen Gräben. Durch das Einatmen wird die Lunge verätzt, was zum Ersticken führt. Das Schrapnell ist eine mit Metallkugeln gefüllte Granate. Durch diese Waffen gibt es zahlreiche Verletzte. Sie kommen zuerst in einen Unterstand, wo sie notdürftig verarztet werden. Danach werden sie in Krankenhäuser oder Kliniken versorgt bis sie wieder an die Front zurückkehren können.

Nach dem Lesen der Romane kann man sich gut in die heutige Lage der Flüchtlinge versetzten, die ihr Heimatland verlassen, um dem Schrecken des Krieges zu entfliehen.

7. Bibliographie

Primärliteratur:

Jünger, Ernst. In Stahlgewittern Aus dem Tagebuch eines Stoßtruppführers. Berlin 1922.

Jünger, Ernst. In Stahlgewittern. Stuttgart 1978.

Remarque, Erich Maria. Im Westen nichts Neues. Berlin 1928.

Remarque, Erich Maria. Im Westen nichts Neues. Köln 2014.

Sekundärliteratur:

Poten, Bernhard. Handwörterbuch der Gesamten Militärwissenschaften Sechster Band: Krieg von 1866 in Deutschland bis Militär-Konvention. Paderborn 2015.

Internetquellen:

Asmuss, Burkhard. Die Lebensmittelversorgung. https://www.dhm.de/lemo/kapitel/erster-weltkrieg/alltagsleben/lebensmittelversorgung.html (Stand: 03.11.2015)

Formationsgeschichte - Rekrutierung. http://www.agw14-18.de/formgesch/formatio_rek.html (Stand: 03.11.2015)

Hirschfeld, Gerhard. Feindbilder. http://www.erster-weltkrieg.clio-online.de/_Rainbow/documents/Kriegserfahrungen/hirschfeld.pdf (Stand:03.11.2015)

Hoffman, Sara Judith. Der erste Einsatz von Giftgas als Kriegswaffe. http://www.dw.com/de/der-erste-einsatz-von-giftgas-als-kriegswaffe/a-17053767 (Stand: 03.11.2015)

http://www.lexikon-erster-weltkrieg.de/Panzer (Stand: 03.11.2015)

http://www.lexikon-erster-weltkrieg.de/Schrapnell (Stand: 03.11.2015)

http://www.welt.de/geschichte/article144373308/Wie-der-Panzer-auf-Europas-Schlachtfelder-kam.html (Stand. 03.11.2015)

http://www.wissen.de/lexikon/artillerie (Stand: 03.11.2015)

https://www.dhm.de/lemo/biografie/biografie-erich-maria-remarque.html (Stand: 03.11.2015)

https://www.dhm.de/lemo/biografie/ernst-juenger (Stand: 03.11.2015)

Kassing, Erich. Die Schlacht um Verdun, Frontalltag, Schützengräben. http://www.geocities.ws/bunker1914/Frontalltag_Verdun_Schuetzengraben.htm (Stand: 03.11.2015)

Urbatschek, Mirko/ Wildner, Peter. http://www.sanitaetsdienst-bundeswehr.de/portal/a/sanitaetsdienst/!ut/p/c4/NYsxD8IgEEb_0V3RxbpJuripi-JG6YVe0kIDhybGHy8Mfi95y8uHT6wE-2JvhWOwCz7QOD6Ob_hkG6DQSKmEDJ6ym9nNQnhvn4nAxUDSLBSEq32yEhNsMcnSS kmpFuAJTacG3R26_9S3v5heX9V-N5z1Dbd1Pf0AJn4XnA!!/ (Stand: 03.11.2015)

Bilder:

Abbildung 1:Kassing, Erich. Die Schlacht um Verdun, Frontalltag, Schützengräben.
http://www.geocities.ws/bunker1914/Frontalltag_Verdun_Schuetzengraben.htm (Stand:
03.11.2015)

Abbildung 2:
https://upload.wikimedia.org/wikipedia/commons/thumb/a/aa/Shrapnel_(PSF).png/440px-
Shrapnel_(PSF).png (Stand: 03.11.2015)

Filme:

Kriegstechnologie im 1. Weltkrieg, Moderne Wunder Staffel 11, Folge 30, History Channel
U.S, 30.07.2004.